철학자의 문장들

BOOK PLAZA

철학자의 문장들

BOOK PLAZA

목 차

1장 철학하는 밤

2장 인생은 극복하는 것

3장 쓰는 사람, 생각하는 사람

4장 철학이란 무엇일까

5장 오늘도 당신을 위해

1장

철학하는 밤

철학의 설계자

임마누엘 칸트 《격언》

세 가지가 한 사람을 말해준다.

그의 눈, 그의 친구들,

그리고 그가 가장 좋아하는 격언.

Three things tell a man,

his eyes, his friends,

and his favorite quotes.

칸트(Immanuel Kant, 1724~1804)

천하를 돌며 '인(仁)'을 알린 대철학자
공자《즐기는 사람》

아는 사람은 좋아하는 사람만 못하고,

좋아하는 사람은 즐기는 사람만 못하다.

공자(孔子, B.C.551~B.C.479)

인(仁)

공자는 인(仁)이란 한 사람이 도달할 수 있는 최고의 경지로서, 그것을 정확히 무엇이라고 말
하기는 어렵지만 자기를 대하듯이 남을 대하고 자기가 하기 싫은 것을 남에게 시키지 않는 것
을 통해 도달할 수 있다고 한다.

감정을 분석한 심리학자
알프레드 아들러 《뇌》

당신의 심장이 시키는 것을 하라.

그러나 당신의 뇌도 함께 하라.

Follow your heart.

But take your brain with you.

아들러(Alfred Adler, 1870~1937))

Adler

모든 인간의 철학자
아리스토텔레스《행복한 사람》

제비 한 마리가 왔다고 여름인 것은 아니듯이,

하루 날씨가 좋다고 여름인 것은 아니듯이,

잠깐의 행복으로 행복한 사람이 되는 것은 아니다.

아리스토텔레스(Aristoteles, B.C.384~B.C.322)

신 앞으로 나아간 철학자
쇠렌 키르케고르 《머나먼 길》

진실은 당신이 쉽고 빠르게 얻을 수 있는 것이 아닙니다. 진실에 다가서기 위해서 당신은 잠을 잘 수도 없고, 꿈을 꿀 수도 없습니다. 당신은 시험받고, 전쟁하고, 고통받아야 합니다. 진실에 관하여 지름길이 있다고 생각하는 것은 순전한 환상입니다.

키르케고르(Søren A. Kierkegaard, 1813~1855)

평화를 꿈꾼 영국의 논리학자
버트런드 러셀 《괴로운 일》

이 세계에는 커다란 부정의가 있어서

좋은 사람이 고통받기도 하고

악한 사람이 번영하기도 한다.

어느 쪽이 더 괴로운 일인지 모르겠다.

러셀(Bertrand Russell, 1872~1970)

러셀의 역설

러셀이 1901년에 발견한 역설로서 대상들의 집합은 그 대상과 다르다는 것을 뜻한다. 예컨대 사자들의 집합은 사자가 아니고, 별들의 집합은 별이 아니라는 것이다. 이로써 집합을 통해 세계 속 대상들에 관한 논리적 체계를 구축하려는 시도는 실패하게 된다.

Russell

계몽 시대의 철학자

볼테르 《새벽》

해뜨기 직전이 가장 어둡다.

The darkness is at its deepest
just before the sunrise.

볼테르(Voltaire, 1694~1778)

계몽주의

6세기부터 17세기까지 오랜 시간 유럽을 다스려 온 봉건제도와 종교적 신앙에 반대하여, 사회의 모든 부분이 인간의 이성과 합리성에 의해 재편되어야 한다고 주장한 18세기의 사상.

Voltaire

프랑스의 실존주의 철학자

장 폴 샤르트르 《실수》

다른 꿈꾸는 자들과 마찬가지로,

나는 꿈에서 깨어나는 실수를 저질렀다.

Like all dreamers,

I mistook disenchantment for truth,

샤르트르(Jean Paul Sartre, 1905~1980)

실존주의

모든 사물에는 감춰진 본질이 있다고 말하는 본질주의에 반대하여, 감춰진 본질은 없고 사물
이 현실에서 존재하는 방식 그대로를 받아들여야 한다고 주장한 20세기의 철학 사상.

드 스콩다 몽테스키외《평등》

모든 사람은 자연 속에서

평등하게 태어난다.

그러나 사회가 그것을 잃게 만들고,

사람들은 오직 법에 의해서만

그것을 되찾을 수 있다.

몽테스키외(de Secondat Montesquieu, 1689~1755)

삼권분립

국가의 권력을 입법권, 사법권, 행정권으로 분리하여 이것들이 서로를 견제하게 함으로써 국가 권력의 남용을 막고 국민의 권리와 자유를 보장하는 국가 조직의 원리.

Montesquieu

근대 중국의 사상가
루쉰 《희망》

희망이란 것은 본디

있다고도 할 수 없고 없다고도 할 수 없다.

그것은 마치 땅에 난 길과 같다.

땅에는 길이 없었다.

그러나 많은 사람이 걷자

길이 생겼다.

루쉰(魯迅, 1881~1936)

과학을 탄생시킨 거인
아이작 뉴턴《거인들》

만약 내가 더 멀리 보고 있다면,

그것은 내가 거인들의 어깨 위에 서 있기 때문이다.

If I have seen further than others,

it is by standing upon the shoulders of giants.

뉴턴(Isaac Newton, 1642~1727)

절대적인 철학자

G. W. F. 헤겔 《부엉이》

미네르바의 부엉이는 해 질 무렵에야 날개를 펼친다.

The owl of Minerva spreads its wings

only with the falling of the dusk.

헤겔(Georg Wilhelm Friedrich Hegel, 1770~1831)

Hegel

낭만주의 시대의 거장
빅토르 위고 《별》

당신이 별을 바라보는 이유는

두 가지이다.

그것이 빛나기 때문이고,

그것이 셀 수 없기 때문이다.

우리의 영혼에 밤이 찾아오더라도,

그곳엔 별이 있다.

위고(Victor Marie Hugo, 1802~1885)

낭만주의

인간의 능력 가운데 합리적인 이성만을 중시한 고전주의에 반대하여, 인간의 비합리적인 감성
또한 인간의 중요한 능력이기 때문에 이러한 사실을 우리가 받아들여야 한다고 주장한 19세
기의 사상.

철학의 설계자

임마누엘 칸트《마음의 법칙》

두 가지가

나를 감탄하게 한다.

별이 운동하는 하늘과

내 마음의 법칙.

Two things increasing

admiration and awe.

The starry heavens above me

and the moral law within me.

칸트(Immanuel Kant, 1724~1804)

도덕법칙

칸트는 자연이 법칙을 따르듯이 우리 마음도 법칙을 따른다고 한다. 인간은 자연 속에서 자연
법칙에 의해 지배받는 동물이지만, 사회 속에서 마음 안의 도덕법칙을 따를 때 비로소 진정한
인간이 된다.

지구를 움직인 철학자
니콜라우스 코페르니쿠스《지동설》

오늘날 지구가 우주 한가운데에 정지해 있다는 것은 일반적인 견해이며, 권위자들은 그것에 대한 반대를 상상조차 할 수 없고 더욱이 우스꽝스러운 것으로 간주합니다. 그러나 우리가 더 많이 질문할 수 있다면 그들은 결국 대답하지 못하게 될 것입니다.

코페르니쿠스(Nicolaus Copernicus, 1473~1543)

Copernicus

G. W. F. 헤겔 《정신》

정신은 결코

쉬지 않는다.

정신은 숭고히고,

정신은 절대적이다.

The spirit is

never at rest.

It is sublime

and it is absolute.

헤겔(Georg Wilhelm Friedrich Hegel, 1770~1831)

절대정신

헤겔은 인간의 역사란 불완전한 정신이 자기를 부정하고, 자기를 극복하고, 자기를 통합하는 변증법적인 방식에 의해 절대적인 정신이 되기까지 나아가는 과정이라고 한다.

Hegel

갈릴레오 갈릴레이 《우주의 언어》

우주란 그것의 언어를 배우기 전에는 이해할 수 없는 커다
란 책과 같다. 철학자들과 시인들이 말하는 우주의 내용을
당신이 직접 읽을 수 없다면, 당신은 그들이 하는 말을 믿어
야만 하는가?

갈릴레이(Galileo Galilei, 1564~1642)

자연철학

19세기에 과학이라는 용어가 등장하기 전까지 자연의 법칙을 밝혀내는 탐구는 모두 자연철
학이라고 불리었다. 19세기 이후 물리학, 생물학, 화학 등의 눈부신 발전으로 인해 철학과 과
학은 지금과 같이 엄격히 분리되었다.

존재하는 것들의 철학자
마르틴 하이데거 《당신》

나에게 당신이 읽은 것을 말해 달라.

그러면 내가 당신이 누군지 말해주겠다.

Tell me how you read and

I'll tell you who you are.

하이데거(Martin Heidegger, 1889~1976)

Heidegger

꿈을 꾸는 노(老)철학자

장자 《나비》

꿈속에서 나는 나비였다.

나는 나비가 되는 꿈을 꾼 나일까,

아니면 내가 되는 꿈을 꾸는 나비일까?

장자(莊子, B.C.365~B.C.270)

미국 최초의 교육철학자
존 듀이 《위험한 생각》

생각의 근원은

복잡하고, 혼란스럽고, 의심스러운 것이다.

생각하기 시작하는 것은

세상을 얼마간 위험에 빠트리는 것이다.

듀이(John Dewey, 1859~1952)

Dewey

모든 것을 의심한 철학자

르네 데카르트《생각하는 나》

나는 내가 의심한다는 사실을 제외한

모든 것을 의심할 수 있다.

나는 생각한다, 그러므로 나는 존재한다.

여태껏 나는 세상이라는 극장에서 관객이었다.

나는 이제 가면을 쓰고 무대에 오르려 한다.

데카르트(René Descartes, 1596~1650)

방법적 회의

데카르트는 신 존재의 증명을 위해 의심할 수 있는 모든 것을 의심하기로 한다. 그러나 그는
자신이 의심하고 있다는 사실을 의심할 수 없었고, 이로써 생각하는 나의 존재에 도달하게 된
다.

Descartes

신 앞으로 나아간 철학자
쇠렌 키르케고르 《왜》

나는 누구인가?

나는 어쩌다 이 세상에 왔는가?

왜 나와 의논하지 않았는가?

Who am I?

How did I come to be here?

Why was I not consulted?

키르케고르(Søren A. Kierkegaard, 1813~1855)

Kierkegaard

무의식을 발견한 꿈속의 의사
지그문트 프로이트 《미친 꿈》

꿈은 미친 것처럼 보일 때가
가장 심오하다.

Dreams are often most profound
when they seem the most crazy.

프로이트(Sigmund Freud, 1856~1939)

무의식

인간이 의식할 수 없는 인간 내면의 심층 의식을 뜻한다. 프로이트는 인간의 행동이 의식의 결과가 아니라 무의식의 결과라고 설명한다. 이러한 무의식은 꿈속에서 의식의 차원으로 올라오기 때문에 꿈을 해석하는 것으로 인간의 무의식을 이해할 수 있다고 한다.

과학을 탄생시킨 거인
아이작 뉴턴 《진리의 바다》

세상이 나를 어떻게 볼지 모르겠다. 그러나 나에게 나는 해변에 앉아서 더 부드러운 조약돌이나 더 예쁜 조개를 찾으며 노는 소년으로만 보인다. 거대한 진리의 바다가 아무것도 알려지지 않은 채로 내 앞에 있음에도.

뉴턴(Isaac Newton, 1642~1727)

Newton

열반에 든 필멸자
붓다《달》

고통은 잠시이다.
괴로운 것은 마음이다.
내가 달을 가리킬 때는
손가락이 아니라 달을 보아라.

붓다(Buddha, ?~?)

신이라 불린 철학자
루트비히 비트겐슈타인 《철학》

철학이란

언어를 가지고

생각에 걸린 마법과 싸우는 것이다.

Philosophy is a battle against

the bewitchment of our intelligence

by means of language.

비트겐슈타인(Ludwig Wittgenstein, 1889~1951)

지구를 움직인 철학자

니콜라우스 코페르니쿠스 《올바른 위치》

내가 지금 말하는 것들은 모호하지만,

올바른 위치에서는 명확해질 것입니다.

코페르니쿠스(Nicolaus Copernicus, 1473~1543)

Copernicus

철학에 맞선 반시대적 철학자
프리드리히 니체 《철학자》

아리스토텔레스가 말하길

혼자 있는 것은

짐승이거나 신이라고 한다.

그러나 철학자도 그렇다.

To live alone one must be

either a beast or a god,

says Aristotle.

Leaving out the third case:

a philosopher.

니체(Friedrich W. Nietzsche, 1844~1900)

영국 사회학의 창시자
허버트 스펜서 《좋은 동물》

성공적인 삶을 살기 위한 첫걸음은

일단 좋은 동물이 되는 것이다.

The first requisite to success in life

is to be a good animal.

스펜서(Herbert Spencer, 1820~1903)

사회학

이전까지는 과학적 탐구의 대상이 아니었던 인간의 행동과 인간사회 역시 과학적이고 수학적
인 방식에 의해서 연구될 수 있다는 생각을 바탕으로 탄생한 학문.

Spencer

인류의 비밀을 밝힌 진화론자
찰스 다윈《야만인의 후손》

이 연구의 결론은, 말하자면 인간은 어떤 저급한 생명체의 후손이라는 것이며, 유감스럽게도 이 사실은 많은 사람을 불쾌하게 할 것입니다. 하지만 우리가 야만인의 후손이라는 것에는 의심의 여지가 없습니다.

다윈(Charles Robert Darwin, 1809~1882)

Darwin

몸을 사유하는 철학자
모리스 메를로 퐁티 《몸》

나는 빨간색이 당신에게 어떻게 보이는지 모르고, 당신은 그것이 내게 어떻게 보이는지 모릅니다. 당신이 내게 빨간 사과를 달라고 했을 때, 내가 건넨 사과가 당신의 마음에 들지 않을 수도 있습니다. 이렇게 우리는 의사소통에 실패하면서 우리가 서로 다른 몸임을 알게 됩니다. 그러나 이를 위해 우리가 가장 처음 해야 하는 것은, 우리가 같은 몸이라고 믿는 것입니다.

메를로 퐁티(Maurice Merleau-Ponty, 1908~1961)

Merleau-Ponty

무의식을 발견한 꿈속의 의사

지그문트 프로이트《정신분석》

정신분석의 목적은

사람들이 병적인 불행에서 벗어나

정상적으로 불행할 수 있도록 돕는 것입니다.

프로이트(Sigmund Freud, 1856~1939)

심리학을 개척한 스위스의 정신의학자

카를 구스타프 융《깨어 있는 사람》

밖을 내다보는 사람은 꿈을 꾸고 있고
안을 들여다보는 사람은 깨어 있다.
자신의 마음속에 든 것을 볼 수 있을 때
한 사람의 미래는 분명해진다.
세계가 와서 당신에게
당신은 누구인지 물을 것이고,
당신이 모르겠다면
세계가 당신에게 말해 줄 것이다.

융(Carl Gustav Jung, 1875~1961)

Jung

저녁형 인간

철학자들은 아침형일까 저녁형일까? 쉽게 대답할 수 있다. 철학자들은 저녁형 인간일 가능성이 매우 크다. 왜냐하면 철학을 한다는 것은 당연하게도 생각을 깊이 하고서 그 내용을 적는 것인데, 생각을 하려면 모름지기 생각할 거리가 먼저 있어야 하기 때문이다. 그러므로 일어난 일들에 대하여 자신이 생각한 결과를 적는다는 점에서 하루하루 철학을 하는 것은 일기를 쓰는 것과 흡사하다. 더 나아가, 철학이란 다른 사람들에게 보여주기 위해서 쓰는 일기라고도 할 수 있겠다. 내게 있었던 일, 내가 만난 사람들, 그들과 주고받은 대화, 새롭게 발견한 사실, 반성할 점 등등. 이런 것들을 정리해서 쓰려면, 당연히 저녁이어야 옳지 않을까?

게오르크 빌헬름 프리드리히 헤겔이 철학을 '그리스 태생의 부엉이'라고 말하는 까닭이 여기에 있는 것이다. 한낮의 분주함이 그날의 해와 함께 저물어가는 저녁에 철학은 비로소 날개를 펼친다. 물론 예외는 있다. 그것도 아주 강력한 예외가 있다. 대철학자 임마누엘 칸트는 유명한 아침형 인간이었다. 그는 매일 아침 5시 정각에 기상해서 홍차 두 잔을 마시며 하루를 시작했고, 밤 10시 정각에 취침했다. 그의 이러한 생활에는 단 1분의 오차도 없었다고 한다. 그래서일까 그의 철학은 경험에 의지하지 않는, 경험에 앞선 순수한 생각의 힘만으로 하는 것이었다. 또..., 추측컨대 《꿈의 해석》을 쓴 정신분석학자 지그문트 프로이트는 아침형 인간이 아니었을까? 그에게 생각할 거리란 간밤에 꾼 꿈이었고, 꿈은 대부분 아침이 지나면 잊어버리게 되니까.

2장

인생은 극복하는 것

이탈리아의 마지막 연금술사
조르다노 브루노 《날개》

내가 날개를 펼쳤기 때문에
바람이 불수록 나는 자유로운 것이다.

Since I have spread my wings,
the more the wind blows, the freer I am.

브루노(Giordano Bruno, 1548~1600)

Bruno

존재하는 것들의 철학자

마르틴 하이데거 《운명》

당신의 운명은 바뀔 수 없다.

그러나 도전받을 수는 있다.

Your destiny can't be changed but,

it can be challenged.

하이데거(Martin Heidegger, 1889~1976)

불안

하이데거는 불안을 인간의 가장 근본적인 기분이라고 한다. 인간은 불안 속에서만 자신이 세계 속의 한 존재임을 다시 떠올릴 수 있고, 자신을 둘러싼 세계를 자각할 수 있다.

Heidegger

열린 사회를 꿈꾼 과학철학자
칼 포퍼 《반박 불가능》

어떠한 사실에 의해서도 반박될 수 없는 이론은 과학이 아닙니다. 반박 불가능은 몇몇 사람들의 생각과는 달리 한 이론이 가진 미덕이 아니라 악덕입니다.

포퍼(Karl Raimund Popper, 1902~1994)

반증 가능성

과학적 가설은 그것을 지지하는 직접적인 증거에 의해서가 아니라 그것을 반박하는 증거를 이겨내며 과학적 사실로 인정받기 때문에, 늘 반박될 수 있는 상태에 있어야 한다고 설명하는 개념.

Popper

인간을 긍정한 염세주의자

아르투어 쇼펜하우어《세 단계》

모든 진실은 세 단계를 거친다:

첫째, 조롱당한다.

둘째, 격렬한 반대에 부딪힌다.

셋째, 자명한 진실로 받아들여진다.

쇼펜하우어(Arthur Schopenhauer, 1788~1860)

철학에 맞선 반시대적 철학자
프리드리히 니체 《초인》

나를 파괴하지 못한 모든 것은
나를 더 강하게 만들 뿐이다.

What does not destroy me,
makes me stronger.

니체(Friedrich W. Nietzsche, 1844~1900)

Nietzsche

인간의 선함을 본 철학자
맹자 《하늘의 뜻》

한 사람에게

하늘이 장차 큰일을 맡기려고 할 때는

반드시 먼저 그 마음을 괴롭게 하고,

근육과 뼈가 깎이는 고통을 주고,

굶주리게 하고,

빈곤에 빠트리고,

하는 일마다 어렵게 한다.

이는 그가 할 수 없던 것을

할 수 있게 하기 위함이다.

맹자(孟子, B.C.372~B.C.289)

심리학을 개척한 스위스의 정신의학자

카를 구스타프 융《진정한 자유》

진정한 자유는

고통의 상태에서 벗어날 때가 아니라

충분히 고통스러워했을 때 오는 것이다.

Real liberation comes

not from glossing over painful states of feeling

but only from experiencing them to the full.

융(Carl Gustav Jung, 1875~1961)

판타지의 제왕, 언어학자
J. R. R. 톨킨《탈출》

판타지는 현실로부터의 탈출이고 그것이야말로 판타지의 영광입니다. 용사가 적에게 잡혀 감옥에 갇힌다면 그곳에서 탈출하는 것이 그의 의무이지 않습니까? 만일 우리가 우리 마음과 우리 영혼의 자유를 소중히 여긴다면, 그리고 자유를 포기할 수 없다면, 우리의 의무는 가능한 많은 사람과 함께 탈출하는 것입니다!

톨킨(John Ronald Reuel Tolkien, 1892~1973)

《반지의 제왕》

톨킨이 1954년에 발표한 3부작 판타지 소설이다. 이 작품에서 톨킨은 호빗, 요정, 난쟁이, 오크 등의 종족들이 사는 세계를 창조했으며, 언어학자의 면모를 보이며 각각의 종족들이 사용하는 실제 언어를 만들어내기도 한다.

Tolkien

움베르토 에코《악마와 십자가》

상상 속의 존재를 거부하는 당신은 당신이 그런 것을 믿지 않는다는 사실을 증명해내려고 합니다. 한밤중에 악마를 본 당신은 마치 독실한 신앙인처럼 세상에는 그런 게 존재할 수 없다고 굳게 믿습니다. 그렇습니다, 그것은 아마도 환영일 것입니다. 그러나 악마는 자신이 존재한다고 확신합니다. 그리고 당신과는 정반대의 믿음을 가지고 있습니다. 그렇다면 당신 앞의 악마가 사라지게 하는 방법은 무엇일까요? 당신이 십자가를 그리면, 그것은 연기처럼 사라질 것입니다.

에코(Umberto Eco, 1932~2016)

기호학

인간은 특정한 언어를 사용하기 전부터 단순한 기호를 통해서 서로 의사소통한다는 사실에 근거하여, 언어보다 앞선 기호로부터 의미가 만들어지는 과정을 연구하는 학문.

조선의 천재 문장가
김시습 《방법》

불이 무섭게 타올라도 끌 방법이 있고

물이 천지를 덮어도 막는 방법이 있으니

근심하고 걱정할 때 경사가 나고

잔치하고 편안할 때 재앙이 싹튼다.

김시습(金時習, 1435~1493)

알베르 카뮈 《내 안의 여름》

증오의 한가운데서 나는

내 안의 사랑을 발견했습니다.

눈물의 한가운데서 나는

내 안의 미소를 발견했습니다.

혼돈의 한가운데서 나는

내 안의 평온을 발견했습니다.

겨울의 한가운데서 나는

내 안의 여름을 발견했습니다.

카뮈(Albert Camus, 1913~1960)

부조리

인간은 모두 불합리한 상황에 있거나 끝내 불합리한 상황으로 내몰리게 됨을 표현하는 개념
이다. 인간이 이러한 부조리에 맞서는 유일한 방법은 계속해서 반항하는 것뿐이라고 한다.

평화를 꿈꾼 영국의 논리학자
버트런드 러셀《부조리》

부조리하게도 철학자가 되고자 하는 사람은 부조리한 것에 겁먹지 않는 법을 먼저 배워야 합니다. 철학의 핵심은, 그것이 언급할 가치도 없어 보이는 단순한 것에서부터 시삭해서 누구도 믿기 어려운 부조리한 것으로 끝난다는 사실입니다.

러셀(Bertrand Russell, 1872~1970)

전자기타를 든 철학자
커트 코베인 《연습》

연습은 완벽함을 만든다.

그러나 누구도 완벽하지 않다.

그렇다면 왜 연습해야 하지?

Practice makes perfect,

but nobody's perfect,

so why practice?

코베인(Kurt Cobain, 1967~1994)

커트 코베인

미국의 싱어송라이터이며 얼터너티브 록 밴드인 너바나의 리더이다. 보컬, 기타, 베이스, 드럼,
키보드로 구성되는 대중에게 가장 친숙한 형태의 밴드를 처음 결성하여 록 밴드의 역사에서
중요하게 평가받는다.

Cobain

아르투어 쇼펜하우어 《페르소나》

'페르소나(persona)'란 고대 그리스의 연극 무대에서 배우들이 쓰는 마스크를 뜻한다. 배우들은 마스크를 쓰고서, 절대로 얼굴을 드러내지 않고 여기했다. 이로써 재능 있는 사람은 가면 쓴 사람들의 사회를 무미건조하게 바라보게 되었고, 얼간이는 집에서 나오지 않게 되었다.

쇼펜하우어(Arthur Schopenhauer, 1788~1860)

염세주의
세상과 인생을 불행하고 비참한 것으로 보며 개혁이나 진보는 허상이기 때문에 결국 인간은 파국을 맞이하게 된다고 주장하는 사상.

Schopenhauer

판타지의 제왕, 언어학자

J. R. R. 톨킨 《출발》

당신은 어떻게 움직이는가?

돌아갈 수 없다는 것을 마침내 이해할 때

당신은 움직인다.

How do you move on?

You move on when your heart finally

understands that there is no turning back.

톨킨(John Ronald Reuel Tolkien, 1892~1973)

인류의 비밀을 밝힌 진화론자
찰스 다윈 《자연선택》

하루는 나무껍질을 뜯어내다가 희귀한 딱정벌레 두 마리를 보았습니다. 저는 그것들을 잡아서 각각 왼손과 오른손에 쥐었는데, 그때 세 번째 딱정벌레를 발견했습니다. 저는 그것을 놓치고 싶지 않았기 때문에 오른손에 쥐고 있던 딱정벌레를 입속에 넣었습니다. 악! 그것은 매캐한 냄새의 액체를 내뿜었고 저는 그것을 뱉어낼 수밖에 없었습니다. 저는 결국 그 딱정벌레를 놓치고 나서 세 번째 딱정벌레를 잡을 수 있었습니다.

다윈(Charles Robert Darwin, 1809~1882)

자연선택

진화 과정에서 주변의 환경에 쉽게 적응하는 유전자를 가진 개체가 그렇지 않은 개체보다 생존할 확률이 높다고 설명하는 개념이다. 이러한 자연선택의 과정에서 환경에 적응하지 못한 개체는 자연도태가 된다.

심리학을 개척한 스위스의 정신의학자
카를 구스타프 융 《화학반응》

두 사람이 만나는 것은

두 가지 화학 물질이 만나는 것과 같다.

둘 사이에서 어떤 반응이 일어난다면,

둘 모두가 변하게 된다.

The meeting of

two personalities is

like the contact of

two chemical substances.

If there is any reaction,

both are transformed.

융(Carl Gustav Jung, 1875~1961)

Jung

미국의 실용주의 철학자, 심리학자
윌리엄 제임스 《여섯 사람》

두 사람이 만나는 것은

사실 여섯 사람이 만나는 것이다.

둘이 생각하는 자기 자신,

서로가 바라보는 둘,

그리고 진짜 그들.

제임스(William James, 1842~1910)

실용주의

19세기 후반 미국에서 시작된 철학 사상으로, 어떠한 철학적인 생각이라도 현실적인 문제의
해결에 도움이 되어야 하며 현실적으로 도움이 되는 생각만이 가치가 있다고 주장한다.

James

철학에 맞선 반시대적 철학자
프리드리히 니체 《괴물》

괴물과 싸우는 자는

자신이 괴물이 되지 않도록 주의해야 한다.

어둠을 너무 오래 들여다보면

어둠이 너를 바라볼 것이다.

Whoever fights monsters

should notice that become a monster.

And if you gaze long enough into an abyss,

the abyss will gaze back into you.

니체(Friedrich W. Nietzsche, 1844~1900)

Nietzsche

비디오의 철학자

백남준 《예술가》

예술가는 그를 먹이려 드는 손을 깨물어야 한다.

그러나 너무 세지 않게.

An artist should always

bite the hand that feeds him.

But not too hard.

백남준(白南準, 1932~2006)

비디오 아트

비디오 매체를 통해 기존의 방식과 관습에서 벗어난 영상 및 효과를 만들어냄으로써 현실을 재해석하는 현대 예술의 한 장르로, 대한민국 출신의 세계적인 예술가 백남준에 의해 개척되었다.

낭만주의 시대의 거장

빅토르 위고《쥐와 고양이》

고양이란 무엇인가? 신은 처음에 쥐를 만들었고, 자신의
실수를 바로잡기 위해 고양이를 만들었다. 쥐와 고양이는 신
의 창조가 진화한다는 강력한 증거이다.

위고(Victor Marie Hugo, 1802~1885)

열린 사회를 꿈꾼 과학철학자
칼 포퍼 《문제》

우리 인간이라는 존재에게 일어날 수 있는 최고의 일은 문제를 찾고, 문제와 사랑에 빠지고, 문제를 해결하기 위해 노력하는 것입니다. 더 사랑스러운 문제가 나타날 때끼지요.

포퍼(Karl Raimund Popper, 1902~1994)

Popper

배신과 공포의 철학자

마키아벨리《사자, 여우, 늑대》

사자는 덫을 피할 수 없다.

여우는 늑대를 이길 수 없다.

덫을 발견하는 여우가 있어야 하고,

늑대와 싸우는 사자가 있어야 한다.

마키아벨리(Niccolò Machiavelli, 1469~1527)

Machiavelli

모든 인간의 철학자

아리스토텔레스《친구》

모든 이의 친구는 누구의 친구도 아니다.

A friend of everyone is a friend of no one.

아리스토텔레스(Aristoteles, B.C.384~B.C.322)

현실을 풍자한 아일랜드의 지성인
버나드 쇼《낙관론자와 비관론자》

낙관론자와 비관론자 모두 사회에 공헌한다.

낙관론자는 비행기를 발명하고

비관론자는 낙하산을 발명한다.

Both optimists and pessimists

contribute to society.

The optimist invents the aeroplane,

the pessimist the parachute.

쇼(George Bernard Shaw, 1856~1950)

세네카《창조와 비평》

사람은 둘로 나뉜다.

무언가를 창조해내는 사람,

그리고 그것을 비평하는 사람.

Men can be divided into two groups.

One that goes ahead and achieves something,

and one that comes after and criticizes.

세네카(Lucius Annaeus Seneca, B.C.4~A.D.65)

Seneca

열반에 든 필멸자

붓다 《스승》

최악의 적은 최고의 스승일 수도 있다.

붓다(Buddha, ?~?)

Buddha

철학에 맞선 반시대적 철학자
프리드리히 니체《타락》

젊은이를 타락시키는 가장 좋은 방법은
그가 자신과 다르게 생각하는 사람보다
비슷한 생각을 하는 사람을 존경하도록
가르치는 것이다.

니체(Friedrich W. Nietzsche, 1844~1900)

자크 데리다 《참견》

자신이 이해하지 못한다고 해서 수학자나 물리학자에게 화를 내는 사람은 없습니다. 외국인이 외국어를 사용한다고 해서 화를 내는 사람도 없습니다. 그러나 사람들은 누군가가 자신이 사용하는 언어로 참견해올 때 화를 냅니다.

데리다(Jacques Derrida, 1930~2004)

해체주의
부분들을 전체로 통합하며 진화해 온 서양 철학의 역사를 비판하며, 통합된 것들을 다시 해체하여 전체 속에서 희생된 부분들에 주목할 것을 요구하는 철학 사상.

Derrida

미국의 실용주의 철학자, 심리학자
윌리엄 제임스 《태도》

당신이 누군가와 충돌한다면,

그와의 관계는

틀어질 수도 있고 깊어질 수도 있다.

그 차이는 태도가 만든다.

Whenever you're in

conflict with someone,

there is one factor that

can make the difference between

damaging your relationship

and deepening it,

That factor is attitude,

제임스(William James, 1842~1910)

James

신 앞으로 나아간 철학자

쇠렌 키르케고르 《주관과 객관》

대부분의 사람들은 자기 자신에 대해 지극히 주관적이고 다른 사람들에 대해 무서울 정도로 객관적입니다. 그러나 우리는 분명 자기 자신에 대해 객관적이어야 하고 다른 사람들에 대해 주관적이어야 합니다.

키르케고르(Søren A. Kierkegaard, 1813~1855)

천하를 돌며 '인(仁)'을 알린 대철학자
공자 《군자》

화를 내기 전에 결과를 생각해야 한다.

복수를 하려거든 두 개의 무덤을 파야 한다.

당신에게 잘못한 사람이 있다면

당신에게서 그 잘못을 찾아보아라.

군자는 자신에게 엄격하고

소인배는 타인에게 엄격하다.

공자(孔子, B.C.551~B.C.479)

'도(道)'를 세운 춘추시대의 사상가

노자 《물》

가장 으뜸가는 것은 물처럼 되는 것이다.

장애물이 없으면 물은 흐른다.

둑이 가로막으면 물은 멈추고,

둑이 터지면 다시 흐른다.

네모난 그릇에 담으면 네모가 되고,

둥근 그릇에 담으면 둥글게 된다.

물은 만물에 혜택을 주며 상대를 거스르지 않고

사람이 싫어하는 낮은 곳으로 흘러간다.

노자(老子, ?~?)

미국의 실용주의 철학자, 심리학자
윌리엄 제임스 《위대한 발견》

우리 시대에서

인간에 대한 가장 위대한 발견은

내면을 바꾸면 외면이 바뀐다는 것이다.

The greatest discovery of my generation

is that a human being can alter his outside

by altering his inside.

제임스(William James, 1842~1910)

James

정반합(正反合)

서양 최초의 철학자는 그리스 사람 탈레스이다. 그는 만물의 근원이 물이며, 물로부터 모든 것이 태어났고 물로 인해 모든 것이 변화한다고 했다. 그가 서양에서 최초의 철학자로 인정받는 이유가 바로 이것이다. 철학이란 본디 만물의 생성, 변화, 소멸을 설명해 줄 수 있는 숨겨진 원리를 밝히는 것인데 탈레스에 의해 이러한 시도가 처음 이루어졌기 때문이다. 그렇다면 탈레스 이후로 수천 년이 지난 지금, 철학자들은 결국 세상의 원리를 알아냈을까?

다수가 언제나 옳은 것은 아니지만 그동안 철학자들에게서 가장 많은 지지를 얻은 것이 바로 '정반합(正反合)의 원리'이다. 이에 따르면 세상은 언제나 자기 자신을 규정하고(正), 자기 자신이 부정당하고(反), 그리하여 자기 자신을 뛰

어넘게 되는 과정(合)으로 움직인다. 이와 같은 자기 극복 또는 자기 초월의 과정을 거치며 한 인간은 성장하고, 역사는 진보하며, 불완전한 것들은 완전해진다. 또한 인간은 태어남과 동시에 세상의 정해진 원리에 따라서 자기 자신을 끝없이 넘어서야 하는 일생일대의 과제를 떠안게 된다. 이것은 우리가 피하고 싶다고 피할 수 있는 것이 아니며, 여하간 해내야 하는 불합리한 현실인 것이다.

이토록 고달픈 상황에서 벗어날 방법을 찾기 위해 힘쓴 철학자들이 있었다. 대표적으로, 아르투어 쇼펜하우어는 자기 극복 또는 자기 초월은 허구이고 진보하는 것처럼 보이는 모든 것은 무의미로 귀결된다고 했다. 그러니까 우리가 지금처럼 이 악물고 살 필요는 없다는 소리이다. 다만 한 가지 분명한 사실이 있다. 살면서 우리는 반드시 역경에 처하게 되고, 우리에게는 위기를 극복하려는 본능이 있다는 것이다.

3장

쓰는사람, 생각하는 사람

존재하는 것들의 철학자
마르틴 하이데거 《집》

언어는 존재의 집이다.

집 안에는 사람이 산다.

생각하는 사람과

글을 쓰는 사람이

이 집을 지키고 있다.

Language is the house of Being.

In its home man dwells.

Those who think and

those who create with words are

the guardians of this home.

하이데거(Martin Heidegger, 1889~1976)

Heidegger

역사상 가장 위대한 작가
윌리엄 셰익스피어 《창문》

당신의 눈은 당신의 영혼을 비추는 창문이다.

The eyes are the window to your soul.

셰익스피어(William Shakespeare, 1564~1616)

인간을 긍정한 염세주의자
아르투어 쇼펜하우어 《해야 할 것》

누구도 본 적 없는 것을 보라는 것이 아니다.

모두가 본 것에 대해

아무도 하지 못한 생각을 하라는 것이다.

쇼펜하우어(Arthur Schopenhauer, 1788~1860)

Schopenhauer

'아우라'를 발견한 철학자
발터 벤야민 《섬광》

글은 섬광처럼 다가온다.

나머지는 뒤에 울리는 천둥소리이다.

The contents of the text

come only in flashes.

The rest is the thunder

rolling long afterward.

벤야민(Walter Benjamin, 1892~1940)

아우라(aura)

독일의 철학자 벤야민이 자신의 예술론에서 사용한 개념으로 어떤 예술작품만이 가진 모방할
수 없는 분위기를 뜻하는 말이다. 예술 복제 시대에는 아우라의 붕괴가 일어나며 사진이나
영화와 같은 복제 작품에서는 아우라가 생겨날 수 없다고 한다.

Benjamin

세상을 기호로 바라본 철학자
롤랑 바르트 《독자의 탄생》

독자의 탄생은 작가의 죽음에 대한 대가이다.

The birth of the reader must be
at the cost of the death of the Author.

바르트(Roland Barthes, 1915~1980)

소통하는 철학자, 사회학자
위르겐 하버마스 《표현》

말하는 사람은

듣는 사람이 이해할 수 있도록

이해가능한 표현을 선택해야 합니다.

하버마스(Jurgen Habermas, 1929~)

Habermas

신이라 불린 철학자
루트비히 비트겐슈타인 《한계》

내 언어의 한계는 내 세계의 한계이다.

The limits of my language means

the limits of my world.

비트겐슈타인(Ludwig Wittgenstein, 1889~1951)

Wittgenstein

감정을 분석한 심리학자
알프레드 아들러 《잠정적 정의》

다른 사람의 눈으로 보고, 다른 사람의 귀로 듣고, 다른 사람의 마음으로 느끼는 것. 이것이 우리 사회가 감정이라고 부르는 것에 대한 잠정적 정의인 것 같습니다.

아들러(Alfred Adler, 1870~1937)

문명의 밖으로 나간 여성 인류학자

마거릿 미드 《유전자》

인간은 유전자 속에 문명을 가지고 태어나지 않습니다. 우리의 유전자에 들어있는 것은 두 발로 서서 걷는 능력, 뇌를 사용하는 능력, 말하는 능력, 동료를 만드는 능력, 도구를 만들고 사용하는 능력, 세상을 탐구하는 능력, 그리고 종교, 예술, 철학으로 표현하는 능력입니다.

미드(Margaret Mead, 1901~1978)

올더스 헉슬리 《경험》

경험은 한 인간에게 일어나는 일이 아니라,

일어나는 일에 대해 한 인간이 하는 행동이다.

Experience is not what happens to you.

It's what you do with what happens to you.

헉슬리(Aldous L. Huxley, 1894~1963)

《멋진 신세계》

영국의 소설가 헉슬리가 1932년에 발표한 소설로, 문명이 최고도로 발달한 미래 사회에서 모
든 인간이 과학의 통제하에 놓이는 디스토피아를 풍자적으로 묘사한 작품이다.

Huxley

차이와 반복의 철학자
질 들뢰즈 《사물》

사물을 정가운데서 보기란 쉽지 않습니다. 내려다보거나, 올려다보거나, 위에서 아래로 보거나, 아래에서 위로 보거나, 왼쪽에서 오른쪽, 그리고 오른쪽에서 왼쪽으로 보는 것이 쉽습니다. 해보세요. 모든 게 바뀌는 것을 볼 수 있을 겁니다.

들뢰즈(Gilles Deleuze, 1925~1995)

Deleuze

잊힌 것들의 철학자
조르조 아감벤 《기억》

기억은 과거의 가능성을 불러냅니다. 기억은 일어난 일을
미완성으로 만들고, 일어나지 않은 일을 완성합니다. 그러므
로 기억은 일어난 일도, 일어나지 않은 일도 아니고, 그 일들
이 다시 한번 일어날 수 있도록 하는 것입니다.

아감벤(Giorgio Agamben, 1942~)

비판할 자유를 주장한 철학자

테오도어 아도르노 《연필과 지우개》

연필로 쓰고 지우개로 지우는 것은
생각을 위한 다른 어떤 도움보다 유용합니다.

A pencil and rubber are
of more use to thought
than a battalion of assistants.

아도르노(Theodor W. Adorno, 1903~1969)

프랑크푸르트학파

20세기 초 프랑크푸르트 사회연구소를 중심으로 활동한 비판이론 학파이다. 제2차 세계 대전 이후 아도르노에 의해 확장되어 당시 유럽의 사상을 대표하였다. 비판이론은 일반적으로 사회 비판의 성격을 띠고 있으며 이를 위해 기존에 있던 다양한 이론들을 결합한다.

Adorno

인류 역사상 가장 위대한 천재
레오나르도 다 빈치 《디테일》

디테일이 완벽함을 만든다.
완벽함은 디테일이 아니다.

Details make perfection,
and perfection is not a detail.

다 빈치(Leonardo da Vinci, 1452~1519)

찰스 디킨스 《열쇠》

아주 작은 열쇠가 아주 무거운 문을 열 것이다.

A very little key will open

a very heavy door.

디킨스(Charles J. F. Dickens, 1812~1870)

Dickens

모든 것을 의심한 철학자
르네 데카르트 《최고의 선택》

우리가 삶에서 마주하는 상황들에는 주저함을 허락하지 않는 것들도 있다. 그때 확실하게 최선인 것을 고를 수 없다면 우리는 최선일지도 모르는 것을 선택해야 한다. 이러한 방식으로 생각하는 것은, 쓸만한 것들을 찾아다니다가 실패한 우유부단한 사람들이 느끼는 후회와 자책으로부터 나를 자유롭게 한다.

데카르트(René Descartes, 1596~1650)

Descartes

계몽 시대의 철학자

볼테르 《펜》

펜을 드는 것은 전쟁터로 뛰어드는 것이다.

To hold a pen is to be at war.

볼테르(Voltaire, 1694~1778)

배신과 공포의 철학자
마키아벨리 《전쟁》

당신은 전쟁을 시작할 수 있다.

그러나 전쟁은 당신이 원할 때 끝나지 않는다.

Wars begin when you will,

but they do not end when you please.

마키아벨리(Niccolò Machiavelli, 1469~1527)

Machiavelli

미하일 바흐친《단어의 절반》

단어의 절반은 다른 사람의 것이다.

그것은 다른 사람의 입속에서,

다른 사람의 문맥 속에서,

다른 사람을 위해 봉사한다.

그것을 자신의 것으로 만들어야 한다.

자신의 의향과 자신의 억양으로.

바흐친(Mikhail Bakhtin, 1895~1975)

카니발(carnival) 이론

미하일 바흐친이 발표한 이론으로서, 중세 시대의 민중은 민간 축제인 카니발을 통해서 정상
적인 세계의 질서를 뒤집으며 기괴하지만 유쾌한 유토피아를 실현해 갔다고 설명한다.

Bakhtin

인간을 긍정한 염세주의자
아르투어 쇼펜하우어 《책》

읽을 시간이 있다면 책을 사는 것은 좋은 일이다. 그러나 우리는 책을 사는 것을 그 내용을 완벽히 이해하고 흡수하는 것으로 착각하기도 한다.

쇼펜하우어(Arthur Schopenhauer, 1788~1860)

Schopenhauer

모든 것을 의심한 철학자
르네 데카르트 《가장 좋은 대화》

좋은 책을 읽는 것은
지난 세기의 위인들과 함께
그들이 한 생각들 가운데서
가장 좋은 것들을 두고
대화를 나누는 것이다.

The reading of

all good books is

like conversation with

the finest men

of past centuries

in which they reveal to us

the best of their thoughts.

데카르트(René Descartes, 1596~1650)

세상을 뒤엎은 철학자

카를 마르크스《소외된 삶》

더 적게 먹고,

마시고, 책을 읽고,

더 적게 영화관에 가고,

더 적게 생각하고, 사랑하고,

공부하고, 노래하고 등등.

당신이 더 적게 할수록

당신은 더 많이 가질 것이다.

당신이 더 적게 삶을 즐길수록

당신은 더 많이 소외될 것이다.

당신이 더 많이 소외될수록

당신은 부유해질 것이다.

마르크스(Karl Marx, 1818~1883)

《자본론》

카를 마르크스가 저술한 경제학서로서 1867년에 제1권이 출간되었다. 자본주의는 그것이 타고난 체제 내 모순에 의해서 결국 자체적으로 소멸할 것이라는 주장을 골조로 한다.

Marx

인간의 광기를 들여다본 철학자
미셸 푸코《진실》

진실이란,

역사가 오랜 시간 동안

공을 들여 만든 것이기 때문에

우리가 차마 거부할 수 없는

일종의 오류입니다.

푸코(Michel Paul Foucault, 1926~1984)

신이라 불린 철학자
루트비히 비트겐슈타인 《침묵》

말할 수 없는 것에 대해서는 침묵해야 한다.

Whereof one cannot speak,

thereof one must be silent.

비트겐슈타인(Ludwig Wittgenstein, 1889~1951)

논리실증주의

1920년대부터 1950년대에 걸쳐 유럽과 영국, 그리고 미국에서 확산한 철학 사상이다. 비트겐슈타인의 《논리-철학 논고》가 주장하는 바에 따라서, 그것이 지칭하는 대상이 있는 단어만을 의미 있게 받아들이고 그렇지 않은 단어는 무의미하게 받아들인다.

카를 구스타프 융 《많은 날의 침묵》

고독이야말로

내 삶을 살아갈 가치가 있는 것으로 만든다.

많이 말하는 것은 나를 괴롭게 한다.

무익한 말들로 한참을 떠들고 나면

많은 날의 침묵이 필요하다.

융(Carl Gustav Jung, 1875~1961)

Jung

낭만주의 시대의 거장
빅토르 위고 《거짓과 침묵》

침묵이 거짓일 때, 침묵하는 것은 쉽지 않다.

It is not so easy to keep silent
when the silence is a lie.

위고(Victor Marie Hugo, 1802~1885)

인간의 광기를 들여다본 철학자
미셸 푸코 《집단주의》

왜 내가 정치에 관심을 가져서는 안 됩니까? 맹목적인 이념은 왜 내가 우리 존재의 가장 잔혹한 부분에 관심을 가지는 것을 방해합니까? 우리의 적은 집단주의입니다. 집단주의는 우리 모두의 일상적인 생각과 행동에 잠재되어 있고, 우리가 권력을 사랑하게 만들며, 우리를 지배하고 착취하는 바로 그것을 욕망하게 만듭니다.

푸코(Michel Paul Foucault, 1926~1984)

팬옵티콘(panopticon)
원형 건물의 중앙에 높은 감시탑을 세우고 건물의 둘레를 따라 죄수들의 방을 배치하도록 설계된 감옥이다. 중앙의 감시탑에는 조명이 비추지 않고 죄수들의 방은 밝게 비추어서 죄수들이 서로를 감시하는 집단적 감시체계를 구축한다. 푸코는 이러한 팬옵티콘의 원리가 현대 사회 전반에 스며들어 있다고 한다.

Foucault

신이라 불린 철학자

루트비히 비트겐슈타인 《영혼의 그림》

몸이 있어야 할 곳에서

몸을 찾지 못하면

그것을 영혼이라고 한다.

인간의 몸은 인간의 영혼을 그린

가장 좋은 그림이다.

비트겐슈타인(Ludwig Wittgenstein, 1889~1951)

Wittgenstein

인간의 광기를 들여다본 철학자
미셸 푸코《광기》

르네상스 시대에 광기는 어디에나 존재했고 어느 것과도 섞였습니다. 그 시절 광기는 인간의 모습으로 나타났고, 그러나 인간과 너무나도 유사했기 때문에 인간으로부터 추방되었습니다. 오랜 세월이 지나며 광기는 야생에서 인간의 눈에 보이는 것이 되었습니다. 광기는 더 이상 인간 안에 있는 것이 아니게 되었습니다. 이제 광기는 인간을 덮치려 하는 짐승 같은 것이 되었습니다.

푸코(Michel Paul Foucault, 1926~1984)

르네상스

14세기에 이탈리아를 중심으로 유럽의 여러 나라에서 일어난 인간 해방 운동이다. 이로써 신앙에 의해 지배되어 온 중세 시대가 끝을 맞이하였고 유럽의 문화적 근대화가 이루어졌다.

Foucault

세상을 뒤엎은 철학자

카를 마르크스《생각과 고통》

고통받는 사람들이 생각하는 법을 배울 때,
생각하는 사람들은 고통받는 법을 배운다.

When the sufferers learn to think,
then the thinkers will learn to suffer.

마르크스(Karl Marx, 1818~1883)

베르톨트 브레히트 《불가피》

하루를 애쓴 사람은 훌륭하다.

일 년을 애쓴 사람은 더 훌륭하다.

몇 년을 애쓴 사람은 더더욱 훌륭하다.

그러나 평생을 걸고 애쓴다면,

그것은 불가피했기 때문이다.

브레히트(Bertolt Brecht, 1898~1956)

낯설게 하기

문학 등에서 일상과는 다른 방식으로 언어를 사용하는 기법으로, 현실을 낯설게 하고 주의를 환기하는 효과를 낸다. 현실에 대해 새로운 관점을 형성하는 것을 목적으로 한다.

Brecht

여성을 사유한 철학자

시몬 드 보부아르 《사명》

여자의 사명은

냄비를 닦는 것이라고 한다.

그리고 아이를 키우는 것이

여자의 사명이라고 한다.

그렇다면 아이를 키우는 것은

냄비를 닦는 것과 비슷할 것이다.

보부아르(Simone de Beauvoir, 1908~1986)

Beauvoir

미국의 여성 윤리학자
주디스 버틀러 《새로운 질문》

사람들은 "주디스 버틀러에게 무슨 일이 생겼나?"라고 말합니다. 아닙니다. 저에게는 새로운 질문이 생겼을 뿐입니다.

버틀러(Judith Butler, 1956~)

미국의 흑인해방운동가

맬컴 엑스《오늘날》

당신처럼 행동하지 않는다고, 당신처럼 생각하지 않는다고, 당신처럼 빠르지 않다고 성급하게 비난하지 마세요. 당신에게도 당신이 오늘날 알고 있는 것을 알지 못했던 때가 있었습니다.

Don't be in a hurry to condemn

because he doesn't do what you do

or think as you think or as fast.

There was a time when you didn't know

what you know today.

엑스(Malcolm X, 1925~1965)

'무지(無知)'를 깨달은 최초의 인간

소크라테스 《앎》

참된 앎은 자신의 무지를 깨닫는 것이다.

True knowledge exists in

knowing that you know nothing.

소크라테스(Socrates, B.C.470~B.C.399)

Socrates

호모 사피엔스

인간은 생각하는 동물이라고 한다. 그렇다면 우리는 모든 동물 가운데 오직 인간만이 생각할 수 있다고 말할 수 있을까? 이러한 질문에 대해 찰스 다윈과 같은 자연철학자는 동물도 제법 생각한다고 말한다. 다만, 인간의 생각하는 능력은 동물의 그것보다 월등히 진화한 것이다. 인간은 하나의 생각에서 다른 생각을 탄생시키고, 두 가지 생각을 조합하여 새로운 생각을 만들어내고, 그 생각으로 세상을 변화시킨다. 이것이 바로 생각하는 인간만이 가진 위대한 능력이다.

그러나 이 정도의 능력만으로는 문명을 꽃피울 수 없었다. 인간의 생각하는 능력은 그것을 밖으로 끄집어낼 수 있게 하는 문자를 만나며 비로소 대폭발하였다. 문자를 통해서 인간은 시간과 공간과 소통의 제약을 처음으로 돌파해냈고

이로써 도시 단위 이상의 집단생활이 가능해졌다. 인간이 하는 생각은 발달하는 문명과 함께 점점 더 복잡하고 정교해질 수 있었다. 생각하는 능력과 쓰는 능력, 그리고 이 두 가지 능력의 상호작용. 이것이 인류 최강의 무기인 것이다.

참으로 신비롭지 않은가? 내 머릿속에 떠오른 것을 글로 적기만 하면 다른 사람이 내 생각을 읽을 수 있는 것이다. 이뿐만 아니라 다른 사람도 나와 같은 생각을 할 수 있고, 나보다 더 나은 생각을 할 수 있다. 심지어 인간은 그 '다른 사람'의 역할을 맡길 인공지능까지 만들어 낸 상황이다. 그러나 과유불급이라고, 이럴 때일수록 우리는 생각하고, 쓰고, 그리고 다시 생각하는 시간을 충분히 가져야 하지 않을까?

4장

철학이란 무엇일까?

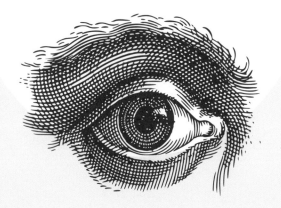

프랑스의 실존주의 철학자 :

장 폴 샤르트르 《바보》

질문하는 사람은 잠깐은 바보가 되겠지만,
영원히 바보로 남지는 않을 것입니다.

He who asks a question

is a fool for a minute,

he who does not remains

a fool forever.

샤르트르(Jean Paul Sartre, 1905~1980)

모든 것을 의심한 철학자
르네 데카르트《환상》

내가 보는 것이 전부 환상이라면
내가 기억하는 것을 믿을 수 없다면
내가 몸이 있다고 단지 믿는 것뿐이라면
나는 무엇을 사실로 받아들일 수 있을까?
확실한 것은 없다는 것만이 사실이다.

데카르트(René Descartes, 1596~1650)

자아를 추적한 정신분석학자
자크 라캉 《내가 없는 곳》

나는 내가 없는 곳을 생각한다.

그러므로 나는 내가 생각하지 않는 곳에 있다.

나는 내가 생각하지 않는 곳에서 생각하는 나란

무엇일지 생각한다.

I think where I am not,

therefore I am where I do not think.

I think of what I am

where I do not think to think.

라캉(Jacques Lacan, 1902~1981)

Lacan

세상을 바꾼 세기의 스타

마를린 먼로《자기규정》

나는 예쁘지만, 아름답지는 않아요.

나는 죄를 짓지만, 악마는 아니에요.

나는 상냥하지만, 천사는 아니에요.

I am pretty, but not beautiful.

I do sin, but I am not the devil.

I am good, but not an angel.

먼로(Marilyn Monroe, 1926~1962)

Monroe

구조주의 언어학의 창시자

페르디낭 드 소쉬르《모순》

나는 절대로 진지하지 않습니다. 너무 진지했네요.

그래요, 나는 예민합니다. 이건 좀 쿨한가요?

나는 모순의 집합체입니다.

소쉬르(Ferdinand de Saussure, 1857~1913)

구조주의 언어학

소쉬르는 언어를 문법 전체로서의 언어와 현실에서 사용되는 언어로 구별하고, 인간의 언어 활동이란 이 둘 사이를 오가는 활동이라고 한다. 구조주의 언어학은 인간의 언어 활동을 포함한 언어의 전체 체계를 탐구하는 학문이다.

Saussure

친구들을 좋아하는 숲속의 철학자
곰돌이 푸《즐거운 대화》

길고 어렵게 말하는 사람보다,

"점심 먹을래?"하고 말하는 사람과 하는 대화가

훨씬 즐거워.

가장 짧은 말이

마음을 가득 채울 때가 있거든.

산다는 건 의미를 담은 작은 일들을 하는 거야.

푸(Pooh, 1926~)

Pooh

움직이는 그림의 거장

미야자키 하야오 《영혼》

나의 조부모님 세대는 나무, 강, 벌레, 우물, 어디에나 영혼이 있다고 믿었습니다. 내 세대는 이런 것을 믿지 않습니다. 그러나 나는 영혼이 바로 거기에 있기 때문에 모든 것을 소중히 여겨야 한다고, 그리고 저마다의 삶이 바로 거기에 있기 때문에 모든 것을 소중히 여겨야 한다고 생각하는 것이 즐겁습니다.

미야자키 하야오(Miyazaki Hayao, 1941~)

천하를 돌며 '인(仁)'을 알린 대철학자

공자《즐겁지 아니한가?》

배우고 때때로 익히면

즐겁지 아니한가?

마음이 통하는 벗이

멀리서 찾아오면

기쁘지 아니한가?

세상이 알아주지 않아도

성내지 않으면

군자이지 아니한가?

공자(孔子, B.C.551~B.C.479)

어린이들의 세상을 꿈꾸는 어른
방정환《놀이》

여기서는 그냥
재미있게 읽고 놀자.
그러는 동안에 저절로
깨끗하고 착한 마음이
자라나게 하자.

방정환(方定煥, 1899~1931)

方定煥

놀이하는 인간의 철학자
요한 하위징아《호모 루덴스》

놀이는 문화에 앞섭니다. 왜냐하면 문화란 인간 사회를 전제로 하지만, 동물들은 인간이 놀이를 가르쳐줄 때까지 기다리지 않았기 때문입니다.

하위징아(Johan Huizinga, 1872~1945)

호모 루덴스(Homo ludens)
놀이하는 인간이라는 뜻으로 인간의 본질이 놀이에 있음을 나타내는 개념이다. 네덜란드의 역사학자 하위징아가 고안하였다.

가상현실과 시뮬레이션의 철학자
장 보드리야르 《유인원》

    인간은 진화하면서 유인원 시절의 가장 기초적인 능력을 잃어버렸습니다. 바로 자기 등을 긁는 능력입니다. 반면에 이러한 능력을 지닌 유인원은 상호 간에 등을 긁어줄 필요가 없었기 때문에 서로의 도움 없이 아주 특별한 자유를 누릴 수 있었습니다.

보드리야르(Jean Baudrillard, 1929~2007)

시뮬라시옹(simulation)

보드리야르는 이미지란 원래 현실을 흉내 내고 모방하는 것이었지만 대량 생산으로 인해서 더 이상 현실에 대한 흉내와 모방이 중요하지 않게 되었다고 주장한다. 이로써 이미지는 현실과는 전혀 상관없는 의미를 지니게 되었으며, 이러한 이미지들의 세계를 시뮬라르크(simulacres)라고 한다.

Baudrillard

확률을 믿은 철학자

블레즈 파스칼 《비극》

인간의 모든 비극은

조용한 방에

혼자 있을 수 없어서

생긴다.

All men's miseries

derive from

not being able to

sit in a quiet room

alone.

파스칼(Blaise Pascal, 1623~1662)

Pascal

레바논의 영혼, 아랍의 철학자
칼릴 지브란《나의 인생》

언젠가 당신은 나에게 물을 것입니다.

나의 인생과 당신의 인생,

어느 쪽이 더 중요하냐고.

나는 나의 인생이라고 대답할 것입니다.

그리고 당신은

당신이 나의 인생이라는 것을 모른 채

나를 떠날 것입니다.

지브란(Kahlil Gibran, 1883~1941)

가장 합리적인 것을 추구한 철학자
스피노자 《삼각형》

삼각형이 말할 수 있다면 신은 완벽한 삼각형이라고 말할 것이며, 원이 말할 수 있다면 신은 완벽한 원이라고 말할 것이다. 이런 식으로 사람들은 자신의 영광을 신에게 돌린다.

스피노자(Baruch Spinoza, 1632~1677)

확률을 믿은 철학자

블레즈 파스칼 《확률》

나는 신을 믿고 당신은 신을 믿지 않을 때,

신이 없다면 우리는 둘 다 망할 것이고,

신이 있다면 나는 살 것이다.

파스칼(Blaise Pascal, 1623~1662)

Pascal

가상현실과 시뮬레이션의 철학자
장 보드리야르 《웃음》

당신이 웃으면 다른 사람도 웃을 것입니다. 그들에게 당신이 얼마나 투명하고 솔직한지 보여주세요. 할 말이 없을 땐 웃으세요. 당신이 다른 사람에게 무관심하다는 사실을 숨기지 마세요. 이러한 심오한 무관심이 당신의 웃음에서 자연스럽게 드러나도록 하세요.

보드리야르(Jean Baudrillard, 1929~2007)

Baudrillard

시몬 베유 《아름다움》

아름다움은 이 세상에서 가장 신비로운 것입니다. 아름다움은 단지 관심을 끌 뿐 아무것도 하지 않습니다. 약속할 뿐 아무것도 주지 않습니다. 영혼을 배고프게 만들지만 아무런 영양분도 없습니다. 그지 바라보는 영혼만이 만족할 수 있습니다. 흥미롭게도, 우리가 바라는 것은 다만 그것이 변하지 않는 것이기 때문에, 사실 우리는 아무것도 욕망하고 있지 않습니다. 이처럼 절묘한 고뇌로부터 빠져나오지 못한다면 욕망은 점차 사랑으로 변하고, 순수하게 무관심한 것이 되기 시작합니다.

베유(Simone Weil, 1909~1943)

악을 폭로한 여성 철학자

한나 아렌트《악》

악은 무관심으로부터 자라나며
관심 속에서는 존재할 수 없습니다.

Evil thrives on apathy
and cannot survive without it.

아렌트(Hannah Arendt, 1906~1975)

Arendt

주역을 해석한 유학자

주자 《점괘》

역에 길흉이 있음은 역이 이미 나타난 것이고

길흉에 괘가 있음은 길흉이 이미 나타난 것이다.

이미 나타난 것은 일어난다고 할 수 없고

나타나지 않는 것은 뭐라 말할 수 없으니

역(易)이란 과연 무엇인가?

주자(朱子, 1130~1200)

《주역, 周易》

유학 경전의 하나로 세상에서 일어나는 모든 것을 음과 양으로 설명한다. 이로부터 64괘를
만들어 정치와 인간사 등을 점친다. 많은 해석이 있으며 그중에 주자의 해석이 가장 유명하
다.

신과 우주를 이해한 과학자
스티븐 호킹 《빅뱅》

사람들은 나에게 신이 우주를 만들었냐고 묻습니다. 나는 그들에게 그건 말이 안 된다고 대답합니다. 빅뱅 이전에 시간은 존재하지 않았습니다. 그러니까 신이 우주를 만들 시간 따위는 없었습니다. 신을 찾는 것은 마치 둥근 지구에서 모서리를 찾는 것처럼 완전히 쓸모없는 일입니다. 누구도 신의 존재를 증명할 수 없었습니다. 그러나 과학은 신이 필요하지 않다는 것을 증명했습니다.

호킹(Stephen William Hawking, 1942~2018)

빅뱅(Big Bang)
우주의 탄생을 가져왔다고 보는 거대한 폭발을 뜻한다. 빅뱅설에 따르면 약 150억 년 전 초기 우주가 매우 높은 온도와 밀도에서 대폭발을 일으켜 현재의 팽창하는 우주가 탄생하였다.

일본 근대 문학의 선구자

나쓰메 소세키 《비전문가》

워낙 사람을 상대로 누구와 누구 중에
어느 쪽이 더 뛰어나냐고 묻는 이는
그 분야의 전문가가 아님이 분명하다.

나쓰메 소세키(Natsume Sôseki, 1867~1916)

Sôseki

악을 폭로한 여성 철학자

한나 아렌트 《경멸》

권위의 최대 적수는 경멸입니다.

경멸하는 최고의 방법은 웃는 것입니다.

The greatest enemy of authority is contempt.

And the surest way to undermine it is laughter.

아렌트(Hannah Arendt, 1906~1975)

272

앙리 베르그송《웃음소리》

웃음에는 언제나 소리가 이어진다. 그것을 가만히 들어보라. 그것은 절제되고, 분명하고, 잘 가다듬어진 소리가 아니다. 그것은 한 곳에서 다른 곳으로 파문을 일으키며 계속해서 나아가기를 원하는, 산에 치는 천둥과 같이 우르릉거리는 것이다. 웃음소리는 고통스러운 것이며, 웃음소리는 복수이며, 만약 그것이 동정과 친절을 베푼다면 목적을 달성하지 못하는 것이다.

베르그송(Henri Bergson, 1859~1941)

Bergson

낭만적인 시인, 시적인 철학자

조지 고든 바이런 《유쾌함의 철학》

웃을 수 있다면 언제나 웃어라.

웃음은 값싼 약이다.

유쾌함의 철학은

쉽게 이해되지 않는다.

그것은 당신이라는 존재의

밝은 측면이다.

바이런(George Gordon Byron, 1788~1824)

Byron

칼릴 지브란 《웃지 않는 철학》

레바논의 영혼, 아랍의 철학자

울지 않는 지혜,

웃지 않는 철학,

아이 앞에서 절하지 않는

위대함으로부터

나를 멀리하소서.

Keep me away from

the wisdom which does not cry,

the philosophy which does not laugh

and the greatness which does not bow

before children.

지브란(Kahlil Gibran, 1883~1941)

확률을 믿은 철학자
블레즈 파스칼 《기도》

주님,

내가 당신의 힘으로 하겠사오니,

작은 것으로 큰 것을 이루게 하시고,

내가 당신의 이름으로 하겠사오니,

큰 것을 작은 것으로 이루게 하소서.

파스칼(Blaise Pascal, 1623~1662)

해골 물을 마신 신라의 고승

원효 대사《쓰임새》

쓸모없는 것이 아니라,

그 쓰임새를 모르는 것이다.

원효(元曉, 617~686)

필름과 스크린의 철학자
마틴 스코세이지 《중독》

당신의 일이란

당신이 무엇에 중독되었는지를

관객들이 신경 쓰게 만드는 것입니다.

Your job is to get your audience

to care about your obsessions.

스코세이지(Martin C. Scorsese, 1942~)

프랑스의 실증주의 철학자
오귀스트 콩트 《철학》

사람들은 화학이나 생물학에 관해서 자유롭게 생각할 수 없습니다. 그런데 왜 철학에 관해서는 자유롭게 생각할 수 있어야 합니까?

콩트(Auguste Comte, 1798~1857)

실증주의
철학자들이 하는 논의들 가운데서 인간의 경험에 비추어 검증될 수 없는 생각이나 추론을 배제하고 관찰이나 실험으로 검증될 수 있는 것만을 지식으로 인정하는 철학 사상으로, 19세기 후반 콩트를 중심으로 형성되었다.

신이라 불린 철학자
루트비히 비트겐슈타인 《혼란》

철학을 정신적인 활동이라고 말하는 것보다 더 큰 잘못은 없다! 만약 한 사람에게 혼란을 불러일으키려는 것이 아니라면.

비트겐슈타인(Ludwig Wittgenstein, 1889~1951)

Wittgenstein

인류 역사상 가장 위대한 천재

레오나르도 다 빈치 《천재》

천재는 적게 일할 때 더 많은 것을 이루기도 한다.
그들은 아무것도 하지 않는 것처럼 보이기도 한다.

The greatest geniuses sometimes
accomplish more when they work less,
even if they seem to do nothing.

다 빈치(Leonardo da Vinci, 1452~1519)

da Vinci

프랑스의 실증주의 철학자

오귀스트 콩트 《아이디어》

아이디어는 세상을 지배하거나,

세상을 혼돈에 빠트린다.

Ideas govern the world,

or throw it into chaos.

콩트(Auguste Comte, 1798~1857)

Comte

공정과 정의를 질문하는 철학자

마이클 샌델《필요한 논의》

경제학이란 우리가 아직 논의한 적 없는 것들 가운데 논의가 필요한 것들의 묶음입니다. 저는 우선 시장이 공공의 이익에 봉사해야 하는 경우와 그렇지 않은 경우를 논의하고 싶습니다.

샌델(Michael J. Sandel, 1953~)

Sandel

다수를 위한 철학자
제러미 벤담 《재산》

어떻게 재산을 모으는가?

꼭 필요한 돈에서 제외함으로써.

집은 어떻게 장만하는가?

당신의 허락 없이 다른 사람이

당신의 집에 들어올 자유를 박탈함으로써.

벤담(Jeremy Bentham, 1748~1832)

공리주의

벤담은 쾌락을 추구하고 고통을 피하려는 인간의 본성에 따른 행동이 한 개인은 물론 개인들의 집합인 사회에도 최대의 행복을 가져다준다고 보며, 사람들이 느끼는 쾌락에는 질적인 차이가 없기 때문에 양적으로 최대 다수가 행복을 누리는 것을 공리주의적 사회의 원칙으로 제시한다.

신과 우주를 이해한 과학자
스티븐 호킹 《아주아주》

우리는 아주아주 작지만,

아주아주 큰 것을 생각할 수 있습니다.

We are very very small.

But we are profoundly capable of

very very big things.

호킹(Stephen William Hawking, 1942~2018)

해골 물을 마신 신라의 고승

원효 대사 《우산》

비를 피할 때는 작은 우산 하나면 충분하며,

하늘이 드넓다고 해도 큰 것을 구할 필요가 없다.

원효(元曉, 617~686)

20세기 음악의 전설

존 레논 《대답》

대답은 사랑입니다.

질문이 뭐였나요?

Love is the Answer,

What was the Question?

레논(John Lennon, 1940~1980)

Lennon

정말 철학일까?

당신이 지금 읽고 쓰는 이 책이 당신을 만나게 된 이유는 아마도 철학이라는 장르에 대한 당신의 기대 때문일 것이다. 그렇다면 오늘날 사람들이 철학에 기대하는 것은 과연 무엇일까? 세상을 바라보는 안목, 인간적인 말과 위로, 잘 사는데 필요한 지식과 조언 등등. 최소한 철학은 사람들에게 없어도 그만이지만 있으면 더 좋은 것일 수 있어야 한다.

그러나 철학의 실제 모습은 사람들의 기대에 못 미치는 것이다. 철학은 본래 의심하는 것이고, 논리적으로 따지는 것이고, 상대를 비판하는 것이고, 삶을 허무하게 하는 것이다. 과학과 같은 명쾌함도 없다. 심지어 철학자들은 여전히 진리가무엇인지에 대한 의견통일조차도 이루지 못했다. 어쩌면 우리는 이쯤에서 철학에 대한 기대를 버려야 하는 걸까?

거짓말쟁이는 자기 자신을 거짓말쟁이라고 할 수 없다고 한다. 왜냐하면 그마저도 거짓이기 때문이고, 따라서 그렇게 말하는 것에는 아무런 의미가 없기 때문이다. 거짓말쟁이를 거짓말쟁이라고 부를 수 있는 것은 오직 진실을 말하는 사람들뿐이다. 꼭 거짓말쟁이의 경우가 아니어도 자신을 규정하는 것은 워낙 스스로 할 수 있는 일이 아니다.

철학도 마찬가지이다. 철학이 무엇인지, 그리고 그것이 어떠해야 하는지를 정하는 것은 철학자들이 아니라 철학 바깥에 있는 사람들의 몫이다. 사람들이 갖추어야 할 것은 다만 철학에 대한 어느 정도의 기대와 관심뿐이다. 이 사실만으로도 우리는 이미 꽤 철학적인 것이 아닐까?

5장

오늘도 당신을 위해

다수를 위한 철학자
제러미 벤담 《꽃들》

별을 향해 손을 뻗으며

인간들은 너무 자주 발밑의 꽃들을 잊는다.

Stretching his hand up

to reach the stars,

too often man forgets

the flowers at his feet.

벤담(Jeremy Bentham, 1748~1832)

열반에 든 필멸자

붓다 《매일》

꽃을 좋아한다면
그것을 꺾어라.
그러나 사랑한다면
매일 물을 주어라.

붓다(Buddha, ?~?)

Buddha

독일을 상징하는 지성인

요한 볼프강 폰 괴테 《세계》

이 세상에서 당신은 고작 한 사람일 뿐이지만,

누군가에게 당신은 하나의 세계다.

To the world

you might be one person,

but to one person

you might be the world.

괴테(Johann Wolfgang von Goethe, 1749~1832)

Goethe

에리히 프롬《사랑》

부러움, 질투, 야망, 그리고 모든 종류의 욕심은 정열입니다. 그러나 사랑은 행위입니다. 사랑은 강박의 결과가 아닌 자유 속에서의 실천입니다. 사랑은 수동적인 감정이 아닙니다. 그것은 '빠져드는 것'이 아니라 '일어서는 것'입니다. 사랑은 받는 것이 아니라 주는 것입니다.

프롬(Erich Pinchas Fromm, 1900~1980)

달라이 라마《오늘》

일 년 중에는 아무것도 할 수 없는

두 개의 날이 있습니다.

하나는 어제이고, 다른 하나는 내일입니다.

오늘이야말로 사랑하고, 믿고,

해내야 하는 바로 그날입니다.

열네 번째 달라이 라마(Dalai Lama, 1935~)

Dalai Lama

비디오의 철학자

백남준 《재생》

인생이라는 비디오에는 되감기 버튼이 없다.

There is no rewind button for life.

백남준(白南準, 1932~2006)

신 앞으로 나아간 철학자
쇠렌 키르케고르《인생》

인생은 앞으로 가는 것이다.

뒤를 돌아보면서.

Life must be lived forwards,

but it can only be seen backwards.

키르케고르(Søren A. Kierkegaard, 1813~1855)

Kierkegaard

빅토르 위고《아름다운 날들》

인생의 가장 아름다운 날들은
우리가 아직 살지 않은 날들이다.

The most beautiful days in life are
the ones we have not yet lived.

위고(Victor Marie Hugo, 1802~1885)

Hugo

러시아 제국의 대문호
레프 톨스토이 《인내》

인내란 기다리는 것이다.

그러나 마냥 기다리는 것이 아니다.

그것은 능동적인 게으름에 가깝다.

느리고 힘겹게, 그러나

계속해서 나아가는.

그것이 인내이다.

톨스토이(Lev N. Tolstoy, 1828~1910)

Tolstoy

러시아 제국 민중의 시인

알렉산드르 푸시킨 《삶》

삶이 그대를 속일지라도

슬퍼하거나 노여워하지 말라.

서러운 날을 참고 견디면

기쁜 날이 오리니,

마음은 미래에 살고

현재는 슬프기만 한 것.

모든 것은 순식간에 지나가고

지나간 것은 다시 그리움이 되리니.

푸시킨(Aleksandr S. Pushkin, 1799~1837)

조선의 천재 문장가

김시습 《낙》

하루의 근심은 생각지 아니하고

평생의 근심을 걱정하며

병이 아닌 여윈 몸이지만

어찌할 수 없는 그 낙을 즐기네.

김시습(金時習, 1435~1493)

金時習

창업자들의 철학자
스티브 잡스 《습관》

당신 인생의 처음 30년은
습관을 만드는 시간입니다.
다음 30년은
습관이 당신을 만듭니다.

잡스(Steven Paul Jobs, 1955~2011)

Jobs

열반에 든 필멸자
붓다 《변화》

변화는 고통스럽지 않다.

변화에 맞서는 것이 고통스럽다.

순간이 하루를 변화시키고,

하루가 인생을 변화시키고,

인생이 삼라만상을 변화시킨다.

모든 것이 변화하며

변화하지 않는 것이 없다.

붓다(Buddha, ?~?)

Buddha

시간을 찾아 나선 소설가
마르셀 프루스트 《여행》

여행의 진정한 발견은

새로운 풍경을 찾는 것이 아니라

새로운 눈을 갖는 것에 달렸습니다.

The real voyage of discovery

consists not in seeking new landscapes,

but in having new eyes.

프루스트(Marcel Proust, 1871~1922)

《잃어버린 시간을 찾아서》

1913년부터 1927년까지 출간된 총 7권의 장편 소설. 마르셀 프루스트가 14년에 걸쳐 집필한 이 책은 오늘날 가장 위대한 모더니즘 문학으로 인정받고 있다. 이 소설에는 의식의 흐름 기법이 적용되었고, 따라서 글이 사건들을 따라가는 일반적인 방식이 아니라 의식을 따라 글이 이어지는 심리적인 방식이 구현되고 있다.

Proust

코미디와 웃음의 철학자
찰리 채플린《극》

인생은 가까이서 보면 비극이고
멀리서 보면 희극이다.

Life is a tragedy when seen in closeup,
but a comedy in long shot.

채플린(Charles Chaplin, 1889~1977)

Chaplin

낭만주의 시대의 거장

빅토르 위고 《일하라》

일하라, 돈은 상관없는 것처럼.

노래하라, 아무도 듣지 않는 것처럼.

사랑하라, 상처받은 적 없는 것처럼.

춤추라, 누구도 쳐다보지 않는 것처럼.

위고(Victor Marie Hugo, 1802~1885)

미국의 작곡가, 행진곡의 왕

존 필립 수자《춤추라》

춤추라, 누구도 쳐다보지 않는 것처럼.

사랑하라, 상처받은 적 없는 것처럼.

노래하라, 아무도 듣지 않는 것처럼.

살라, 천국에 있는 것처럼.

수자(John Philip Sousa, 1854~1932)

Sousa

독일을 상징하는 지성인

요한 볼프강 폰 괴테《기쁨이 있는 곳》

인생은 사랑하는 것이다.

기쁨이 있는 곳에 사람과 사람의 만남이 있고,

사람과 사람이 만나는 곳에 기쁨이 있다.

괴테(Johann Wolfgang von Goethe, 1749~1832)

Goethe

법치를 꿈꾼 중국의 사상가
한비자 《인연》

인연이 있으면 천 리 밖에서도 만나고

인연이 없으면 얼굴을 대하고도 만나지 못한다.

한비자(韓非子, B.C.280~B.C.233)

韓非子

'무지(無知)'를 깨달은 최초의 인간
소크라테스《결혼》

결혼하는 것이 좋다.

좋은 아내를 얻는다면 행복할 것이다.

나쁜 아내를 얻는다면 철학을 할 것이다.

어떤 경우에도, 결혼은 좋은 것이다.

소크라테스(Socrates, B.C.470~B.C.399)

Socrates

임마누엘 칸트 《행복의 원칙》

행복의 세 가지 원칙:

첫째, 어떤 일을 할 것.

둘째, 어떤 사람을 사랑할 것.

셋째, 어떤 꿈을 가질 것.

칸트(Immanuel Kant, 1724~1804)

프리드리히 니체《노예와 자유인》

오늘날 사람들은

두 집단으로 나뉜다:

노예와 자유인.

하루의 삼 분의 이를

자신을 위해 쓰지 못한다면

정치인, 사업가, 공무원, 학자,

누구라도 노예다.

니체(Friedrich W. Nietzsche, 1844~1900)

장 자크 루소 《돈》

당신이 가지고 있는 돈은

당신에게 자유를 줄 것이다.

당신이 얻고자 하는 돈은

당신을 노예로 만들 것이다.

The money you have

gives you freedom.

The money you pursue

enslaves you.

루소(Jean Jacques Rousseau, 1712~1778)

사회계약설

모든 인간은 하늘로부터 부여받은 동등한 권리를 가지는데, 자연 상태에서는 이러한 권리가 위협당하기 때문에 상호 간 계약을 통해 국가를 구성하고 자신들의 권리를 국가에 위임하였다는 견해. 루소가 《사회계약론》에서 완성하였고 프랑스혁명의 원동력이 되었다.

Rousseau

철학을 가르친 최초의 철학자

플라톤 《탁월함》

탁월한 삶의 네 가지 요소:

제대로 해내는 지혜.

공사를 가리는 정의.

위험에 맞서는 용기.

적당히 바라는 절제.

플라톤(Platon, B.C.428~B.C.347)

Platon

평등한 세상을 꿈꾼 선비
허균 《남김》

일은 끝을 보려 하지 말고
권세는 끝까지 기대지 말며
말은 끝까지 다하지 말고
복은 끝까지 누리지 말라.

허균(許筠, 1569~1618)

미국 건국의 주역

벤자민 프랭클린 《평판》

유리, 도자기, 그리고 평판은
쉽게 깨지지만 고쳐 쓸 수는 없다.

Glass, china and reputation are
easily cracked and never well mended.

프랭클린(Benjamin Franklin, 1706~1790)

Franklin

철학을 가르친 최초의 철학자
플라톤 《여섯 가지 비밀》

살면서 지켜야 할 여섯 가지 비밀:

다른 사람의 단점.

나의 장점.

나의 약점.

나의 사생활.

나의 재력.

나의 목표.

플라톤(Platon, B.C.428~B.C.347)

'무지(無知)'를 깨달은 최초의 인간
소크라테스 《잘 배운 사람》

어떤 사람이 잘 배운 사람인가?

첫째, 매일 마주하는 상황들을 잘 관리하는 사람.

둘째, 대인관계에서 명예를 지키며 사는 사람.

셋째, 기쁨을 통제하고 불행에 빠지지 않는 사람.

넷째, 자신의 자리를 굳게 지키는 사람.

소크라테스(Socrates, B.C.470~B.C.399)

Socrates

열반에 든 필멸자
붓다 《지금》

과거는 이미 지나갔고
미래는 아직 오지 않았다.
살아있는 한순간만이 있으니,
그것을 지금이라고 한다.

붓다(Buddha, ?~?)

Buddha

레오나르도 다 빈치 《순간》

순간은 영원하다.

The moment is timeless.

다 빈치(Leonardo da Vinci, 1452~1519)

무하마드 알리 《불가능》

불가능, 그것은 사실이 아니라 의견이다.

불가능, 그것은 결론이 아니다.

불가능, 그것은 대담함이다.

불가능, 그것은 가능성이다.

불가능, 그것은 일시적이다.

불가능, 그것은 아무것도 아니다.

Impossible is not a fact but an opinion.

Impossible is not a declaration.

Impossible is a dare.

Impossible is potential.

Impossible is temporary.

Impossible is nothing.

알리(Muhammad Ali, 1942~2016)

미국의 분석논리학자
찰스 샌더스 퍼스 《확실성》

종이 위에 당신이 의심하는 것들을 적어보세요. 당신이 그럴 수 있다면 당신이 하는 의심은 사실 별 게 아닙니다. 그리고 당신은 당신이 의심하지 않는 것이 훨씬 많다는 것을 깨달을 수 있을 것입니다. 그렇습니다, 당신은 의심 속에서 살고 있지 않습니다. 당신은 확실한 것들 속에서 살고 있습니다.

퍼스(Charles Sanders Peirce, 1839~1914)

Peirce

코미디와 웃음의 철학자
찰리 채플린《우스갯소리》

끝에 가면 모든 것은 우스갯소리이다.

In the end, everything is a gag.

채플린(Charles Chaplin, 1889~1977)

Chaplin

오늘이 가기 전에

오늘이 당신의 마지막 날이라면, 어떤 유언을 남기겠는가? 그럴 리 없으니까 딱히 떠오르지 않는다면 유명한 철학자들이 남긴 유언을 참고해 보는 것도 좋을 것이다. 먼저 20세기 가장 영향력 있는 철학자로 평가받는 루트비히 비트겐슈타인은, "내 친구들에게 전해주시오. 나는 멋진 삶을 살았다고." 라는 유언을 남겼다고 한다. 그리고 대철학자 임마누엘 칸트는 포도주를 한 잔 마시더니, "이 또한 좋구나."라고 말했다고 한다.

이들이 죽음 앞에서 이토록 당당할 수 있었던 것은 사후 세계에 대한 믿음 때문이 아니었다. 자신들이 살아온 삶이 분명 멋졌고 좋았다고 믿었기 때문에 이들은 기꺼이 죽음을 받아들일 수 있었다. 그렇다면 멋지고 좋은 삶이란 무엇일까?

사실 비트겐슈타인은 그가 남긴 유언과는 달리 험난한 삶을 산 사람이었다. 비록 그가 오스트리아에서 가장 부자인 가문의 막내아들로 태어난 초 다이아수저이긴 했으나, 유대인으로서 두 번의 세계 대전을 겪었고, 제1차 세계 대전에서는 포로가 되었고, 철학을 그만둔 후로는 자신의 반사회적인 성격 탓에 여러 직업을 전전하며 떠돌아야 했다. 막대한 재산 상속을 포기하고 매 끼니 딱딱한 빵만 먹는 그를 이해할 수 있는 사람은 없었다. 칸트와 마찬가지로 결혼하지 않았고, 따라서 임종을 지켜 줄 가족도 없었다.

그렇다면 결국 좋은 삶이란 겉으로 보이는 삶과는 다른 것 같다. 자신이 과연 좋은 삶을 살았는지 아닌지, 남들은 알 수 없다는 것이다. 당신은 어떤가? 지금까지의 삶이 마음에 드는가? 바로 대답할 필요는 없다. 당신의 마지막 날은 오늘이 아니니까.

철학자의 문장들

초판 2024년 9월 1일 2쇄
엮은이 김대웅
ISBN 979-11-93324-25-7   03100

발행인 아이아키텍트 주식회사
출판브랜드 북플라자
주소 서울시 강남구 학동로 329 북플라자타워
홈페이지 www.bookplaza.co.kr